MINUTO ETERNO

OTROS LIBROS
por
ALMA FLOR ADA

MEMORIAS
Vivir en dos idiomas
Tesoros de mi isla. Una infancia cubana.

NOVELAS
A pesar del amor
En clave de sol

POESÍA
Cuando el amor vive en la mirada

Alma Flor Ada

MINUTO ETERNO

Pomas, canciones
y una fábula poética
Segunda edición

mariposa
San Rafael, California

mariposa
Transformative Education Services
San Rafael, California

ISBN 978-1-938061-91-2

Para Isabel
siempre buscada
milagrosamente hallada.

CONTENIDO

SER

¿Qué soy?

¿Qué soy?
La pregunta eterna
me acosa
después de una noche
de sueños agitados
en que oigo reiterada voz unamuniana
que interpreto
me dice
que no le tema al sueño
que morir es soñar.
En lugar de respuestas
la pregunta despierta
más preguntas.
¿Soy acaso mis pies,
que me llevaran
apresuradamente las más veces
por tanto rincón disímil
del planeta?
¿Las piernas, a ratos agobiadas por el peso
excesivo
de mi cuerpo
pero siempre fieles,
dispuestas, una vez más,
a mantenerse firmes?

¿Soy acaso mis senos,
los que me dieron a conocer
el más sublime goce
tras caricia sutil,
los que se transformaron
en fuente de vida
para esas criaturas
que me hicieron sentir
la esperanza más pura
mientras los acunaba entre mis brazos?
¿Soy acaso mi vientre
largo tiempo ha firme
y ahora distendido
después de haber encerrado
siete veces
el milagro en potencia de la vida?
¿O mi sexo,
seré más bien mi sexo,
que sirvió de camino
de inicio de esas vidas
no siempre como fruto del gozo?
¿ése que necesitó tanto tiempo
antes de descubrirme
el placer
de estar viva?
¿O es que soy los hombros
que han sentido
el peso de la responsabilidad
de vivir honestamente,
de luchar por aquello en lo que se cree,
de defender la justicia
para todos?

¿O mis manos
estas manos tan torpes para todo,
pero que supieron
trenzar el pelo de mi hija
y curar codos y rodillas
rasguñados de mis hijos,
calmar acariciando
sus pequeños dolores y sus penas,
éstas que hoy encuentran
sencillas alegrías
al podar un rosal
o alimentar los pájaros
y cada vez que es posible
sosteniendo
las manos suaves
de mi suave madre?
¿Soy, puedo ser, acaso
estas mis manos?
¿O más bien los brazos
que creen en la fuerza
bendita
de abrazar
y trasmitir así hondo cariño
y solidaridad?
Quizá soy, en cambio,
mis labios
a los que aflora
la fuerza del amor
cuando se funden
con los labios amados.
Pero tal vez estoy equivocada
buscando mi esencia

en este cuerpo
porque oigo su reclamo,
sus ansias,
de existir.
¿Es posible que el ser sean las ideas?
¿Las familiares de tanto conocidas
y las súbitas
las que aparecen repentinas
sin poder imaginar
dónde nacieron?
O más aún que pensamientos
¿es el ser los recuerdos?
La nostalgia profunda
por la casa que me vio nacer
por los que me rodeaban
mientras aprendía a hablar,
la mirada honda y dulce de mi abuelo,
mirada sabia,
cargada de ternura,
o la voz de mi abuela,
su perfume sutil a ilang-ilang;
la fuerza de su mano
llevándome a recorrer el campo;
las historias
con las que me revelaba,
dentro de un viejo mito,
los más profundos secretos del vivir;
su habilidad
para entregarme el don de la lectura
como un descubrimiento
feliz y fácil;
y sus dones:

la certeza de que el amor es posible,
que vivir con justicia es lo esperado,
que hacer el bien es sólo natural
porque así vivía ella.
¿Es eso lo que soy?
¿Todo nostalgia?
¿O es el ser la palabra?
Esas palabras que escribo,
con ansiedad, con emoción
a veces,
y otras veces
como juego o disfrute.
Pero, aunque no son pocas
las que he escrito,
¿estoy segura de estar
toda yo
en ellas?
No lo creo.
Las he dejado y las dejo
existir
sobre el papel o la pantalla
porque son, qué duda cabe,
parte verdadera de mí
pero no creo que me den
la respuesta
total
a la pregunta.

Y, entonces,
se me aparece tímida,
pálida,
otra respuesta.

Soy lo que siento.
La admiración al mundo en el que vivo
a los cielos inmensos
al color de los amaneceres
y las nubes.
Soy el amor profundo
a mis hijos
y a los hijos
con los que continúan
mis gracias a la vida.
El amor a mi madre
que ha evolucionado
como ella
de fuente de cariño en mi infancia
a mujer segura de sí misma
superviviente
dispuesta siempre a darme la mano
aun cuando no siempre
coincidiéramos
hasta este ser frágil
que es hoy
embarcada en un viaje total a la ternura
suave, sencilla, sin pedir nada,
pero reconociéndose
llena toda de amor.
El amor
que pudo en algún momento
en una de mis muchas vidas
fundarse en la mirada
y que hoy,
en este presente que es final,
se funda

en el reconocimiento de lo más hondo
de otro ser;
se complace en saber que es posible
compartirlo todo
aun durante la ausencia
y reconoce
en el espejo de otros ojos,
en el ritmo de otros pasos,
en el eco de otra voz,
la mayor alegría.
Sí,
lo más cerca
que puedo llegar
a saber qué soy
es el amor.

Y cuando llegue
esa "barca
del último viaje"
confío que no me esperen
sueños
ni siquiera los sutiles, misteriosos,
que a veces enriquecen mis noches,
espero que de todo,
sea lo que sea que he sido,
sólo quede
el amor.

16 de noviembre de 2011

Somos...

> Existimos
> porque nuestros ancestros existieron.
> *Medardo Lafuente*

Somos,
cada uno de nosotros la última flor
de una guirnalda
de madres y de abuelas
de abuelas de las tatarabuelas
cuyas vidas produjeron las nuestras.
Madres que desde el principio del tiempo
recogieron leña
y mantuvieron el fuego encendido
para espantar a las bestias
mientras amamantaban a sus hijos
niñas que crecieron para convertirse
en madres que recogieron
raíces comestibles, frutas, semillas,
insectos, caracoles,
que tejieron las cestas,
secaron los güiros,

tallaron las fuentes de madera,
hornearon las vasijas de barro,
para asegurar que sus hijos
pudieran comer no sólo hoy
sino también mañana,
Madres que recogieron algodón,
cardaron lana,
y la hilaron hasta tener madejas
que tejer en sus telares
para proteger a sus hijos
de la lluvia, del viento, del frío helado
y extrajeron colores
de las plantas
para capturar al arco iris en sus tejidos.
Madres que recorrieron planicies
atravesaron cadenas montañosas
y desiertos
buscando mejores tierras,
escapando de la destrucción
que los hombres crearon con sus guerras,
madres que cruzaron los océanos
con corazones rotos
por la pérdida de lo que quedó atrás
decididas a alimentar a sus hijos
con esperanza y fuerza
para que pudieran crear
nuevas vidas
de justicia y de paz.

MADRE AMÉRICA

Brisas boricuas

[Lelolai puertorriqueño]

Verdes pinos de la tarde
rosada de Puerto Rico.
Secas agujas crujientes
bajo los pasos amigos.

Plácida conversación
mientras la noche caía
futuro de nuestra herencia
ansias, búsqueda, camino.

Trascendida en el recuerdo
rosada tarde de pinos
horas para siempre nuestras
en el proyecto cumplido.

En la piel de tus hijas

En la piel de tus hijas, Madre América,
el sol ha pintado todos los colores.
En sus ojos ahonda la sabiduría de siglos
de esfuerzo frente a la opresión,
de lucha por sobrevivir,
de determinación por salvar
a quienes aman.
Sus manos saben del trabajo y la caricia.
En sus brazos se acuna el futuro.
En sus corazones se abriga la esperanza.
En sus mentes
cobran realidad la igualdad y la justicia.
Ellas son, Madre América
—entre tus volcanes y tus llanos,
tus selvas y tus desiertos,
tus ciudades populosas
y las chozas de tus campos,
las dictaduras y el abominable racismo—
un grito
que rompe el silencio culpable.
Ellas son tu presente y tu futuro.
Por ellas,
eres y seguirás siendo,
promesa que llegará a cumplirse.

Cuando

Cuando a la amplia sonrisa del pabilo
luciente de cometas
otra feliz sonrisa de la comba
saltando le conteste;

cuando abecés, ladrillos y geranios
las esteras rediman
y verdemente crezcan
—por ser de cada uno
la tierra—
los maizales

cuando sólo de sueños
escuchen confidencias las muñecas
y conquisten con su girar los trompos
aires, mares y suelos;

cuando cálidamente negras letras
alumbren desde el libro,
cuando corran veloces las palabras
y con ímpetu el río

cuando ya haya podido el amor
fundarse en la mirada.

COMO UNA FLOR

Canciones

Los poemas incluidos en esta sección, así como el poema ¿Dónde termina el nacer? han sido transformados en canciones por Suni Paz y publicados en el CD *Como una flor*.

Como una flor

[Bolero]
A Jeru Kabal, agradecida

Como una flor
abriendo su corola.
Como un árbol
creciendo hacia el azul,
    cantando tu canción,
    la tuya, tu verdad,
    la que dice quién eres
    y a dónde vas.

Aprecia la hermosura
de cada día,
la sorpresa del instante
y su alegría,
    creando tu poema,
    diciendo tu palabra,
    inventando tu historia,
    cantando tu canción.

Ramas que dan fruto
cargado de sabor
y tú eres ese árbol
cubierto de verdor.
Capullo que florece
y añade su color,
su belleza, su aroma
y ¡tú eres esa flor!

Comparte mi vivir

[Vals peruano]

**A Miguel y Denise,
en su boda**

Por la vereda de la vida
pronta la risa, lento el dolor,
retomando la ruta en la mañana
recogida en mi pecho al descansar.
        Comparte mi vivir
        mano en mi mano;
        comparte mi vivir
        y mi mirar.
Por la vereda de la vida
pronta la risa, lento el dolor,
aprendiendo a entenderte y a entenderme
compartiendo los riesgos y el temor.
        Comparte mi vivir
        ven a mi lado;
        comparte mi vivir
        y mi pensar.
Por la vereda de la vida
pronta la risa, lento el dolor,
recordando que existes y que existo
que debes tú ser tú y yo ser yo.
        Comparte mi vivir
        con cada paso;
        comparte mi vivir
        y mi soñar.

Iguazú

[Guaraña]

A Camila

Pasando el río queda;
pero no en Iguazú,
porque allí el agua clara
se ha transformado en luz,
dejándonos saber
que es posible crecer
lanzarse y transformarse
y volver a nacer.

Si empiezas a despedirte del planeta,
o si apenas lo empiezas a conocer
ven al Iguazú
a las cataratas del Iguazú.

Si buscas un amor,
vente al Iguazú;
si tienes un amor,
tráelo al Iguazú;
si te duele el alma,
ven al Iguazú.

Si tienes alegrías,
visita al Iguazú;
si tienes amigos,
tráelos al Iguazú;

si quieres emociones,
ven al Iguazú;
si buscas belleza,
ven al Iguazú.

Agua que se hace nube
irisada de luz
cristal que corre y canta
agua del Iguazú.
Dejándonos saber
que es posible crecer
lanzarse y transformarse
y volver a nacer.

Hoy voy a escribir tu nombre

[Cha-cha-chá]

Para Alfonso y Denia

Hoy voy a escribir tu nombre
voy a escribirlo sin ti.
Voy a escribirlo en la arena
y voy a dejarlo allí.

Y van a venir las olas
y al ver a tu nombre allí
van a regresar al mar
y no lo van a borrar

Canción de todos los jóvenes

[Salsa]
Para Daniel

Cuando aquí es de noche,
para ti amanece.
Vivimos muy lejos,
¿no te lo parece?

Cuando allí es verano
aquí usan abrigos.
Si estamos tan lejos,
¿seremos amigos?

Yo no hablo tu idioma
tú no hablas el mío;
pero tú te ríes
cuando yo me río.

Estudias, estudio,
aprendo y aprendes.
Sueñas y yo sueño,
sé que me comprendes.

Vivimos muy lejos
no estamos cercanos;
pero yo te digo
que somos hermanos.

Hasta las estrellas

[Ritmo caribeño]
Para Gabriel

Hasta las estrellas puedes llegar
sólo necesitas querer alcanzarlas,
hasta las estrellas,
     hasta las estrellas,
porque tú eres un cometa,
     porque tú eres un cometa,
un cometa de coraje y de valor.

Hasta las estrellas,
     hasta las estrellas irás,
     hasta las estrellas…

Uva caleta

[Rumba]
Para Flor y Loli

Sol fiero del mediodía,
dorada arena quemante,
grácil abanico verde
de tu sombra refrescante.

Escondite acogedor
de mi niñez caribeña:
tus racimos en la playa
siempre sorpresa risueña.

Sol

[Baguala]
Para Rosalma y Bruce

Sobre el mar, sobre la arena,
sol de playa, sol.
Sobre laderas y ríos,
sol de monte, sol.

Sol de monte, sol de playa,
sol de desierto y ciudad,
enemigo de la sombra,
amigo de la verdad.

DÓNDE TERMINA EL NACER

¿Dónde termina el nacer?

[Canción]
A mi madre, agradecida

¿Dónde termina el vivir,
dónde empieza la creación?
¿Dónde termina el nacer,
dónde comienza el morir?

¿Dónde quedó aquella niña
que recogía carolinas,
que miraba las estrellas
y que hablaba con los pájaros?

Yo me resisto a enterrarla,
no creo que se haya muero,
aunque sus pasos ligeros
ya no corretean la tierra.

¿Dónde quedó aquella joven
vestida de adolescencia
mojada bajo la lluvia
una tarde de verano?

Ya no existen sus cabellos
porque se volvieron blancos
ya no existe su figura,
pero queda su esperanza.

¿Dónde quedó aquella madre
acunando al primer hijo,
sonriéndole a su niña
esperando la mañana?

Los hijos están crecidos
y ya no juega con ellos;
tengo que pensar que ha muerto,
pero me niego a creerlo.

Porque soy aquella niña,
aquella joven esbelta,
aquella madre temprana,
aquella mujer ardiente.

Habrá engrosado mi talle,
mis cabellos ya son blancos,
pero me queda la risa
revoloteando en el alma;

y no sé dónde termina
el nacer que nunca acaba,
porque me queda la risa
revoloteando en el alma.

PORQUE SÍ

Spirit Lake

para Quica
por los deliciosos momentos en nuestro lago
y siempre

Oceáno diminuto
mar pequeño
laguna grande
charco inmenso
lago
eres tú solo
un mundo entero.

A ti

A ti
como a la flor
que al paso de los días
nada te ha detenido
para entregarte entera
a la creación
del delicado pétalo
      la corola apretada
           la fragancia entrañable
lo único eterno
la creación de la belleza efímera.

Vivir

Puesto que
siempre y cuando
desde entonces
por si acaso
entretanto
sin discusión
enteramente
resuelto
ya está
sin comentario
encarecidamente
asumida
toda responsabilidad.

Canción Final

Yo escribo lo que yo escribo
porque lo quiero escribir
a mí nadie me lo dicta
nadie me lo ha de decir.

Yo digo lo que yo digo
porque lo quiero decir
porque me nace del alma
¡sólo hablando sé vivir!

Yo escribo lo que yo escribo
porque lo quiero escribir
a mí nadie me lo impone
todo es mi propio decir.

Las palabras son mi sangre
y mi modo de sentir
lo que siento se hace verbo
y así lo vuelvo a vivir.

Las palabras se hacen vida
la vida se hace al hablar
entre poemas y canciones
se hace más fácil andar.

No escribo por alabanzas
todo es mi claro sentir
yo escribo porque me gusta
¡es mi modo de vivir!

agosto, 2007

Claustro en Citadella

Obligada a sentarme
porque a veces es la gota
quien manda
pienso en el recluso
de Yuste.
¿Fue la sangre que corrió a caudales
por el mundo
al paso de su ejército
o el dolor de un cuerpo abatido
lo que forzó
el lejano retiro?
¿Cuáles sus reflexiones
de esos últimos años, meses, días
de su vida?
Yo agradezco a ese indómito
dedo de mi pie derecho
que me obliga a sentarme
en este claustro menorquín
de Citadella.

En el jardín cuadrado
bordeado por el claustro
se alza un ciprés.
Alto,

supera con mucho
la altura del blanco monasterio,
grueso
carece de la sutil inspiración
de su recordado hermano
en Silos;
pero su robustez
habla de raíces firmes
y voluntad de ser
y su altura disminuye
el resto de las plantas
que pueblan el jardín
un conjunto variado
que hace pensar en la diversidad
tan propia de esta isla
habitada desde tiempos remotos
muchos, seis, quizá ocho,
siglos antes de nuestra era
por sucesión disímil
de tanto grupo humano.

En el jardín coexisten
hirsutas, despeinadas,
diminutas palmeras
limoneros de lustrosas hojas,
geranios,
un mar pacífico
que estalla en flores rojas
y un martiano rosal,
única rosa blanca

promulgando amistad sincera.

Frente a mí,
en el centro preciso del jardín,
un viejo pozo
recuerda la frescura del agua.
Sobre la cruz de hierro
que ostenta la armazón de donde pende
la mohosa roldana
se han posado
en silencioso vuelo, dos pajarillos.

Permanecen apenas un instante
y ya levantan vuelo.

Así será
este momento de soledad,
silencio
en la sombra del claustro
que refresca la brisa
apenas
un instante en mi vida.
Pero,
¿es que la vida es
acaso
algo más que un instante?

Y vivir,
¿ acaso
algo más que recordarlo?

POESÍA INCOMPLETA

La palabra

Oculta en el silencio,
a veces evasiva
proponiendo perífrasis
altisonantes voces polisílabas
escurridiza
huyes de la conciencia
te vuelves sugerencia
de memoria
pero rehuyes ser atrapada
en el recuerdo sensorial y vivo.

Otras veces
te brindas en cascadas
sonoras
torrentes
abundantes
detrás de cuya espuma
sólo resuenan
las cavernas huecas.

Te persigo incansable
porque sé
que sólo en ti se hace viva
la vida.

Cuando te encuentro,
al fin,
diáfana, certera,
con sílabas precisas
en el eco de siglos,
cuando después de tanto hurgar
en lo hondo de mí misma
apareces
con total claridad
y creo poseerte
en lugar de ser tú mía,
soy yo
en la alegría
del encuentro
toda tuya, palabra.

La luz en la memoria

El largo deambular
por las palabras
jinete sobre el lápiz
galopando por resmas de papeles,
volando dentro de la pantalla
de algún ordenador,
aquí, allí,
sin importarme dónde
sino sólo la búsqueda
del decir verdadero,
el que pueda arrojar
rayos certeros
que disuelvan las dudas
y limpien la memoria
de lo que pudo ser
dejándola
desnuda
ensimismada
en el haber llegado
al hoy inigualable
desde tantos
ayeres.

Amé con desafuero
los libros, el saber,
las cartas
de amigos lejanos
dispersos por el mundo,
mi trabajo,
que lo mucho que lo amé
cargó de un sabor nuevo,
a disfrute,
a esperanza
a la palabra que antes sabía a tarea,
a obligación, deber. .

Aunque busqué amores
en más de una ocasión
hoy quedan relegados
a las páginas íntimas
que a nadie le interesan,
o cuidadosamente
preservados
más allá del confín de página ninguna.
Mientras la pasión
nuestra
se renueva
y toma matices nuevos
sorprendentes
cada día.

La fuerza del cariño
el heredado de mis padres y abuelos
tomó valores nuevos

totales, primordiales,
en los grandes amores a mis hijos
cuyos nombres
Rosalma
Alfonso
Miguel
Gabriel
serán siempre para mí
invocaciones de alegría.
Hoy se han multiplicado y son nueve
los nietos
Tim, David, Nicolás,
Samantha Rose y Camila Rosa,
que comparten el nombre de su tía,
Victoria Anne, Cristina Isabel,
Jessica Emily y la dulce Collette
los que hacen que merezca
esta cabeza blanca
de cabellos escasos
en que se convirtiera
mi larga y abundante
cabellera.

Los hijos del espíritu,
mis alumnos,
a la vez mis constantes maestros,
no podría enumerarlos
y aunque pueda parecer
fácil metáfora
al pensar en ellos
sólo puedo imaginar el firmamento.

¿Qué más puedo decir?
Que la vida me ha dado en abundancia
familiares y amigos
alumnos y maestros
amores imborrables
compañeros de lucha
solidaria
y la determinación
de no perder nunca la esperanza.

El vivir es poesía

El vivir es poesía
y sólo al llegar la muerte
se ha completado el poema.

SERENA

**Me han traído una caracola
dentro le canta un mar de plata.**
Federico García Lorca

SERENA

Para Rosalma,
que vive compartiendo
los dones de Serena.

Agradecida a Oscar Wilde
y a Antoine de Saint Exupèry.

I

Serena había esperado mucho tiempo por una noche como aquella, que le permitiera iniciar su viaje. Necesitaba una noche sin siquiera un resquicio de luna, y cubierta de nubes bajas, que ocultaran las estrellas. Porque mientras hubiera luna, aunque fuera apenas una tajadita de luna nueva, o brillara una sola estrella, su madre y sus hermanas, sus tías y sus primas, estarían vigilantes, asomándose a imaginar una nueva palabra con la que celebrar el cielo nocturno.

Ahora, en cambio, este cielo que presagiaba tormenta había hecho desaparecer todo rastro de luz en el cielo. El único temor de Serena era que la luz de algún relámpago atravesara las tinieblas y despertara a su madre, de sueño tan ligero, que descansaba amodorrada junto al resto de la familia.

Tuvo suerte. Las nubes se cerraron cada vez más y ningún relámpago intempestivo vino a romper la oscuridad profunda de la noche. Serena se deslizó calladamente, tratando de moverse con rapidez y al mismo tiempo procurando no disturbar con sus movimientos el sueño de aquellas a quienes abandonaba.

Llegar hasta el escondite donde había dejado la bolsa que con tanto cuidado y secreto había tejido se le hacía interminable. Pero al fin la alcanzó. Sus movimientos gráciles la habían llevado hasta allí sin mucho esfuerzo. Sólo el temor de que la descubrieran le había hecho parecer que no llegaba nunca.

Se colgó la amplia bolsa tejida con algas sobre el hombro izquierdo, dejando que la correa le atravesara el pecho y la bolsa misma se apoyara sobre su cadera derecha. Una vez que la llenara no resultaría tan fácil avanzar tirando de ella, aunque ése sería, posiblemente, el menor de los inconvenientes que encontraría..

Moviéndose siempre con sigilo, fue recogiendo las hermosas caracolas. Las había ido consiguiendo una a una durante muchos meses, dejándolas en distintos lugares, para que nadie pudiera verlas y sospechar su intención, pero siempre colocándolas junto a alguna roca específica, que luego le permitiera volver a encontrarlas. Ahora, cada vez que tomaba una en sus manos, la acariciaba, con la misma admiración que cuando la había visto por primera vez.

¡Qué extraordinarias creaciones las caracolas! No podía verlas en la oscuridad, pero recorría con las manos la superficie de cada una, reconstruyendo su imagen, recordando sus colores. La lisura de los nautilus enroscándose sobre sí mismas, la conmovía porque aquellas caracolas eran a la vez delicadas y firmes, como ella misma querría ser.

En otras caracolas, la espiral iba creando un cono ligeramente elevado. Bajo la luz del sol cada una de las estrías de la espiral mostraría un color distinto alternando distintas intensidades. Algunas caracolas tenían un lomo áspero, con protuberancias puntiagudas, pero si deslizaba los dedos a su interior podía sentir la tersura del nácar de color rosado.

Poco a poco la bolsa había quedado llena y Serena se encontraba dispuesta. Respiró profundamente varias veces y empezó a dirigirse a su destino.

II

Desde pequeña, aún desde los brazos de su madre, siempre había mirado hacia tierra firme. Su madre, siguiendo la tradición establecida por siglos, la tradición que nadie se atrevía a romper, trataba de impedírselo. Pero no importaba cómo la madre se colocara, la pequeña Serena siempre encontraba el modo de mirar hacia tierra firme, aún si la tierra más cercana era una orilla lejana que no alcanzaba a ver.

Una y otra vez, su madre le había repetido:

—Es una mala costumbre que sólo trae desgracias...

Serena oía el dolor y la nostalgia que se encerraban en la voz de su madre, pero cada vez que tenía la ocasión miraba en la dirección prohibida.

Ahora, mientras se desplazaba con movimientos lentos y gráciles, recordaba una conversación reciente:

—Cuando la vida era feliz siempre vivíamos cerca de la orilla... —había empezado a decir la mayor de sus tías.

—Es mucho más agradable reposar sobre la arena suave que sobre las duras rocas —había interrumpido su tía más joven,

Lo que más extrañaba la madre de Celina de aquella época dichosa eran las flores. Y, por eso, dijo:

—Nosotras les entregábamos corales y perlas y ellos dejaban que sus niños nos alcanzaran flores... Las tejíamos para hacer guirnaldas y coronas... Los pétalos de las flores son tan suaves y ligeros como las alas de las mariposas... Y ¡qué colores brillantes! Y algunas tienen una delicada fragancia...

—La pena es que no duran mucho tiempo, se agostan enseguida... —había respondido una de las varias tías.

—Pero —había insistido la madre de Serena —en esa fragilidad está su mayor encanto. Viven sólo unas horas, y por eso hay que apreciarlas cada instante. Y esas pocas horas enriquecen la vida...

La conversación, sin embargo, había terminado con la intervención de la abuela de Serena.

—Aquella convivencia desapareció. Ellos han invadido todos los espacios. Han traído dolor y destrucción. Han usado nuestro propio mundo para perseguirnos. Su fascinación por nosotras no los ha llevado al respeto, sino al deseo de aprisionarnos. Y nos han obligado a replegarnos, a escondernos y casi a desaparecer. Mejor es olvidar lo que nunca volverá a ser.

Y sus palabras habían convertido el momento de recuerdo y nostalgia en un silencio doloroso.

III

A Serena no le era posible olvidar. No podía olvidar aquellos tiempos hermosos, porque a pesar de no haberlos conocido, los tenía grabados en la imaginación por haber oído hablar de ellos. Y tampoco podía olvidar los horrores que sí había vivido.

El viaje iniciado esta noche de oscuridad absoluta se había iniciado, en realidad, el día en que las aguas se tiñeron de rojo.

Desde el verano de la gran desgracia, muchos años atrás, en el cual desaparecieron, sin dejar rastro alguno, el abuelo y el padre de Serena, al igual que todos sus tíos y primos, la abuela había conseguido mantener a sus hijas y nietas alejadas de lugares transitados.

Habían procurado mantenerse ocultas durante el día y sobrevivir el dolor de la pérdida abrigándose en ternura y cariño. Nunca supieron con exactitud qué les había ocurrido a sus maridos e hijos, aunque habían oído rumores del estallido de una poderosa bomba en las profundidades.

A pesar del tiempo transcurrido, rara vez ninguna de ellas mencionaba a los desaparecidos, como si no confiaran en poder soportar el dolor evocado por la memoria.

Y las conversaciones se limitaban a comentar los hechos de cada día y ocasionalmente a rememorar aquella época dichosa de siglos atrás. Aunque la abuela contaba con frecuencia antiguos mitos y fábulas que siempre parecían encerrar alguna enseñanza.

Y luego se produjo aquel día fatídico, el día que Serena no podía olvidar. El día que había motivado su viaje.

Había sido un año atrás... toda la familia se regocijaba observando a las criaturas más grandes del planeta, cuya presencia siempre las encantaba. Hacía pocos días que varias madres habían dado a luz y los ballenatos eran una nota de júbilo y esperanza.

Pero, entonces, sorpresivamente apareció una flotilla de barcos y un par de aviones y en unos instantes el mar se volvió escarlata.

Imaginar que existieran seres capaces de destruir a aquellas criaturas majestuosas era más que lo que la mente de Serena podía aceptar.

Por varias semanas en su corazón se alternaban sólo dos sentimientos: el dolor por la muerte de aquellos seres pacíficos y hermosos y el desprecio a los bípedos que la habían causado.

Su familia se había alejado de aquel lugar prometiéndose que jamás regresarían y se mantuvieron tan lejos de toda costa como les fue posible. Pero un día la costa había venido a ellos: un barco pequeño lleno de gente joven y alegre, entre la que había incluso algunos niños, obligó a Serena a abrir el pensamiento. Si estos seres que cantaban y reían y jugaban eran también parte de aquella misma especie de seres quizá había algún modo de llegar a la mente o al corazón de los bípedos y hacerles comprender que no hay posible justificación para destruir a otros.

Y Serena se dedicó a buscar un medio de alcanzar mentes y corazones.

Y en uno de los mitos contados por su abuela encontró la idea que se decidió a llevar a cabo.

IV

A pesar de que la ayudaban su juventud y su fuerza, a Serena no le fue fácil llegar a la costa. Después de tres días de viaje estaba casi desfallecida cuando arrastrando la bolsa de algas llena de caracolas llegó al estuario de un río.

Inmediatamente comprendió que era un error iniciar su proyecto estando tan agotada, pero había querido alejarse sin demora lo más posible porque imaginaba que, en cuanto la echaran de menos, saldrían a buscarla. Era evidente que había conseguido escapar, pero ahora no podía detenerse a recuperar fuerzas exponiéndose a que la descubrieran. Así que después de respirar profundamente varias veces, se adentró en el río.

No tardó en descubrir que la bolsa se había vuelto mucho más pesada y que a ella misma, que había pasado toda su vida sumergida en agua salada, le era más difícil avanzar por el agua dulce.

El fondo oscuro del río la desconcertaba y las aguas se le antojaban sucias. Pero al igual que se había sobrepuesto al cansancio decidió no darle importancia a estas diferencias. Después de todo sabía que la tarea no sería ni grata ni fácil y que, como no podría durar, debía ponerse enseguida a la obra.

En el calor opresivo del mediodía oyó la voz áspera e inflexible del hombre que, en el patio de una de las casas que bordeaban al río, le gritaba a su hijo: —Pero, ¡qué torpe eres! Por no fijarte en lo que haces me has derramado el balde de agua...!". A Serena la conmovió la vocecita que suplicaba: "Lo siento, papá, ¡perdóname, papá!"

La urgencia con la que rogaba sugería que quería evitar algún castigo, aún peor que las duras palabras. Y Serena buscó un lugar desde donde observar, oculta entre los juncos, sin ser vista. Cuando oyó que llamaban a almorzar a padre e hijo, esperó un momento, y con cuidado de no ser descubierta, se acercó a la orilla y con cuidado, después de soplar un rato dentro de ella, colocó una de las caracolas, en la margen del río. Y volvió a ocultarse para esperar.

Había llegado ya la tarde cuando al fin oyó la vocecita del niño que exclamaba —¡Qué linda! —seguida de la voz del padre que gritaba: —¡Ya te he dicho que no te acerques a la orilla!

El niño respondiendo instintivamente al llamado de la caracola, se la había acercado al oído. Ahora se escuchaba la voz del padre, airado: —Y, ¿qué es eso que has recogido? ¡Déjalo enseguida!

Y la respuesta del niño: —Papá, oye... dentro le canta el mar... —mientras le entregaba al padre la caracola.

El hombre también se la llevó al oído y la mantuvo allí por largo rato. Todo era silencio, mientras el rostro adulto se iba suavizando.

Hasta que al fin Serena le oyó decir:

—Tienes razón, hijo. ¡Que sonido hermoso! Qué listo fuiste al encontrarla... y qué bien has descrito lo que se oye... ¡le canta el mar!

Las lágrimas nublaron los ojos de Serena, pero llegó a ver cómo el padre se inclinaba sobre su hijo y le daba un beso en la frene antes de pasarle un brazo sobre el hombro.

Mientras nadaba río arriba, Serena sentía el vacío de aquello que se había arrancado para dejarlo en la caracola.

¿Cómo podría sobrevivir sin la ternura? Y las aguas le parecieron más frías, más oscuras.

V

En la margen opuesta dos mujeres avanzaban sobre un muelle de madera que se adentraba en el agua. Serena se sumergió hasta ocultarse debajo del muelle. Muy pronto comprendió que las dos mujeres que discutían eran hermanas, aunque el tono que usaban una con la otra era muy distinto que el que Serena y sus hermanas hubieran empleado.

—Pues yo quiero irme de aquí. En este lugar no hay nada que me interese. Para vivir en la ciudad necesito mi parte de la casa. Hay que venderla de una vez. Ya no voy a esperar más — amenazaba una.

—Pero, ¿cómo puedes hacerme esto? —se quejaba amargamente la otra—. Obligarme a vender nuestra casa. ¡Qué insensible eres!

—Y, tú, ¿cómo pretendes atarme a este lugar?

El atardecer fue cubriendo el paisaje de luz dorada, pero las jóvenes no parecían percatarse de ello. Y continuaban la discusión, que se prolongaba, cambiando las palabras, pero repitiendo los argumentos en tonos cada vez más agrios.

Serena siguió ocultándose. Sólo cuando se sintió protegida por la oscuridad se acercó a la orilla. Con esfuerzo, agarrándose a las raíces de un sauce, puedo alcanzar a depositar una caracola sobre la orilla, después de haber soplado largamente dentro de ella.

Pasó una noche inquieta. Las dos jóvenes le habían hecho pensar en sus propias hermanas, en las primas, tan cercanas como si también fueran hermanas. Y sólo había sentido un gran desgarro. Sabía que las habría herido y preocupado con su marcha. Y se preguntaba si serían capaces de adivinar sus motivos.

El haberse arrancado la ternura para dejarla con el padre y el sentimiento que había encerrado en esta segunda caracola, le hacían sentir un vacío, allí donde normalmente hubiera encontrado confianza, y no logró dormir. Sentía un agotamiento absoluto fuera de su ambiente natural, pero recibió la mañana con esperanza. Y su esperanza se vio correspondida. Por un momento pareció sorprendida al ver aquella hermosa caracola marina. Pero enseguida la levantó y se la llevó al oído. Y entonces recorrió con la mirada el horizonte lejano.

Observó con atención los árboles de la margen distante, y su mirada se detuvo sobre las aguas del río, escudriñándolas, como queriendo averiguar de dónde había salido la caracola.

Y, entonces, con el rostro transformado por lo que había estado contemplando se fue corriendo a llamar a su hermana. Y cuando la vio salir de la casa corrió a abrazarla.

—Perdóname, perdóname... ¡Cómo no vas a amar este lugar! Tenemos que encontrar un modo de conservarlo, de que puedas seguir viviendo aquí. ¿Te acuerdas cuánta gente ha querido alquilar la casa a lo largo de los años? Y como mamá repetía que éramos afortunadas de que fuera tan amplia porque si algún día lo necesitábamos podríamos dividirla y alquilar una mitad... ¿Estarías dispuesta a eso? El alquiler me facilitaría vivir en la ciudad hasta que logre establecerme bien. Y no sería necesario vender nada... Y tú podrías seguir viviendo aquí...

Y mientras su hermana reía asintiendo y dándole las gracias, Serena se sumergió callada y se alejó nadando bajo el agua.

VI

Unas horas más tarde escuchó una nueva discusión, pero esta vez era entre dos hombres. Sus voces cargadas de ira hicieron pensar a Serena que se asemejarían mucho a los que habían sido capaces de asesinar a las ballenas.

Y sintió que su corazón, despojado de ternura y comprensión, también a ella se le llenaba de ira.

"No es de este sentimiento del que puedo alimentarme," se dijo. "Sólo podré ayudar a otros a ser lo que yo misma consiga ser."

Y buscó dentro de sí hasta que pudo llenarse del sentimiento que quería dejar en la próxima caracola.

Entre tanto, los gritos de los hombres habían ido en aumento, cargados de acusaciones.

—Tu hijo es un inútil y no hace más que traer vagos como él a este lugar —gritaba un hombre moreno, alto y delgado.

—Deja de hablar de mi hijo. Tu perro ha escarbado en mi jardín —le contestaba un hombre cuyo rostro pálido estaba encendido de cólera.

—Si no puedes contener a tu hijo, ¡qué desastre deben ser tus tropas! —insultaba el primero.

—Mis tropas pelean mucho mejor que los cobardes que llevas en las tuyas —respondía el segundo.

Serena no quería oír más. Se alejó hasta encontrar un refugio entre la vegetación en la margen del río. Allí sacó de la bolsa la mayor de las caracolas y sopló largamente dentro de ella.

Había quedado extenuada, pero sobre todo le preocupaba el ser descubierta por los perros de los que habían hablado. Y decidió esperar hasta la noche. Era un riesgo menos que ser atacada por los perros.

Lamentablemente su cautela no logró protegerla del todo.

Cuando ya había cumplido su propósito, habiendo dejado la caracola en el patio del general que alardeaba de sus tropas, sintió un dolor lacerante. Uno de los perros le había mordido el antebrazo.

No supo muy bien cómo logró zafarse de las garras, pero sólo lo consiguió después que las fuertes mandíbulas le habían hecho una herida profunda.

Su primer instinto fue volver al mar, lavar la herida con el agua salada que ayudara a cicatrizar e impedir que se infectara y buscar algas con que vendarse el brazo, pero inmediatamente desistió de la idea, aceptando lo inevitable. Lo único que necesitaba era actuar con eficacia.

Tendría que seguir nadando río arriba. No podía quedarse allí a esperar que uno de los hombres levantara la caracola y se la llevara al oído. Tendría que confiar que oiría repetirse la palabra con la que ella había llenado el interior de nácar. Y confiar, aún más, en que el eco de esa palabra se alojaría en el corazón de ese hombre y desde allí pasaría a muchos otros.

Y tratando de no pensar en el dolor intenso de su brazo, y haciendo un gran esfuerzo, nadó un largo rato. Se detuvo un momento para dejar sus mensajes en las dos últimas caracolas. Así le fue posible seguir arrastrándolas.

VII

No sabía qué instinto la había guiado durante la noche. Sin embargo, con la primera claridad del alba, cuando vislumbró el árbol cargado de flores blancas, supo que aquella escuela era el lugar indicado para dejar las dos últimas caracolas. Pero se le hacía imposible decidirse a dejarlas.

Se las colocó sobre el pecho. Una vez que las abandonara ya no podría imaginar que su entrega tendría un efecto duradero, que aquellos sentimientos que ahora experimentaban quienes las habían recogido serían permanentes, más aún, que se expandirían, que llegarían a otros, que algún día se habrían extendido por toda la tierra. La caracola llena de esperanza se lo prometía y la que estaba llena de amor la animaba a desprenderse de ellas.

En aquel lugar habían protegido el jardín de la erosión causada por las aguas del río con un muro de cemento y grandes rocas filudas.

Al arrastrarse sobre ellas Serena sintió que las aristas cortantes de las rocas le desgarraban la cola, igual que el perro le antes hiciera con el brazo, pero siguió adelante.

Cada instante se le hacía más difícil avanzar. Pero no se resignaba a dejar inconclusa el proyecto que se había propuesto, aunque temía no lograr alcanzar a completarlo.

Habiéndose despojado de la ternura, la comprensión y la paz, y sobre todo de la compasión y la esperanza que había dejado en las caracolas que llevaba con cuidado, le era casi imposible sobrevivir y menos aún llevar a cabo este esfuerzo. Ella misma quedó sorprendida de poder colocarlas sobre el césped.

Cuando regresó al agua, cada una de las escamas que había dejado a su paso por las rocas brillaba bajo el sol naciente como un pequeño arcoíris.

Serena, ya sin fuerzas, se deslizó al agua. Y, cuando su cuerpo empezaba a hundirse, una ráfaga de viento arrancó las flores blancas del árbol.

"Tenues y suaves, como alas de mariposa", creyó oír la voz de su madre, cuando hablaba de los tiempos dichosos en que las sirenas se adornaban con corolas de flores. Y recordó la voz de su padre, que creía haber olvidado: "Te llamarás serena. Que la serenidad te acompañe siempre."

Y Serena se sumergió, desfallecida, no sólo en el río que acogía su cuerpo, sino en la serenidad que era su propia esencia, mientras las superficie del agua quedaba cubierta por un sutil manto de delicados pétalos blancos.

Sobre la autora

**He vivido
sin esperar premio ni castigo
y ahora descubro
que el premio ha sido cada día vivido.**
Alma Flor Ada

Alma Flor Ada
[Camagüey, Cuba]

Profesora Emérita de la Universidad de San Francisco, investigadora, educadora visionaria y oradora, tiene una amplia obra literaria, en muy distintos géneros.

Su tesis doctoral para la Pontificia Universidad Católica del Perú, *Pedro Salinas: el diálogo creador* ha publicada como libro con un prólogo de Jorge Guillén.

Sus libros de literatura infantil han recibido numerosos premios, entre otros: *Encaje de piedra,* Medalla de Oro Marta Salotti (Argentina); *La moneda de oro,* Christopher Award; *Bajo las palmas reales,* Medalla Pura Belpré; *Gathering the Sun,* Once Upon a World Award; *Querido Pedrín,* Parent's Choice Honor; *Me llamo María Isabel,* NCSS y CBC Notable Book; *Con cariño, Amalia; Nacer bailando y ¡Sí, somos latinos!* International Latino Book Awards; *Mediopollito*; Aesop's Accolade.

Su labor ha sido reconocida ampliamente. Entre muchos otros reconocimientos, en 2012 recibió el Virginia Hamilton Award por su obra literaria. En 2014 el Gobierno Mexicano la honró con el mayor galardón concedido a una persona no-mexicana, el OHTLI, en aprecio a su labor en pro de la comunidad mexicana en el exterior. En 2018 la Asociación Nacional de Educación Bilingüe le otorgó el Life Long Bilingual Education Award.

Su obra literaria para adultos incluye sus memorias: *Vivir en dos idiomas*; dos novelas: *En clave de sol* y *A pesar del amor* y el libro de poemas *Cuando el amor vive en la mirada.*

Su narrativa para niños y jóvenes incluye dos libros co-escritos con su hijo Gabriel Zubizarreta: *Nacer bailando* y *Con cariño, Amalia.* Y las memorias de infancia: *Tesoros de mi isla.*

Su amor a la poesía ha sido expresada en una amplia obra de poemas infantiles muchos de los cuales han sido convertidos en canción por Suni Paz. Entre sus libros de poesía infantil se encuentran: *Todo es canción* y *Arrullos de la sirena*, así como *Abecedario de los animales, Coral y espuma:Abecedario del mar, Abeceloco* y los poemarios bilingües *Gathering the Sun,* poemas inspirados por los campesinos migrantes y *Arenas y trinos: Abecedario del río,* escrito en colaboración con su hija Rosalma Zubizarreta.

Su deseo de conseguir que la poesía tenga amplia presencia en la clase, la ha llevado a ofrecer numerosas presentaciones sobre el tema y a publicar múltiples antologías, entre ellas *Días y días de poesía.*

En colaboración con F. Isabel Campoy ha editado el programa *Alegría: Poesía cada día,* publicada por National Textbook/Cengage, la serie de diez libros y CDs *Música amiga,* las recopilaciones de folklore hispánico presentado en ediciones bilingües *Pío Peep, MooMuu, Merry Navidad* y *Diez perritos/Ten Little Puppies* así como varias otras antologías, y el libro para educadores: *Está linda la mar. Para entender la poesía y usarla en el aula.*

La obra pedagógica de Alma Flor Ada incluye, además de numerosos artículos, los libros *Iniciación literaria, Ver y describir, Oír y narrar, A Magical Encounter: Latino Children's Literature in the Classroom*; y, en colaboración con F. Isabel Campoy y Collin Powell: *Guía para padres y maestros de niños bilingües* y con F. Isabel Campoy *Authors in the Classroom: A Transformative Education Experience; Initial Spanish Reading: Guide for Early Learners* y el conjunto de libro y cuaderno de actividades *Palabra amiga. Domina el idioma.*

Los poemas incluidos en la sección "Como una flor" de este libro, y el poema *¿Dónde termina el nacer?* han sido transformados en canciones por Suni Paz y publicados en el CD *Como una flor.*

www.ingramcontent.com/pod-product-compliance
Lightning Source LLC
Chambersburg PA
CBHW071423040426
42445CB00012BA/1267